## Kinder der Welt

In der gleichen Reihe bisher erschienen:

Wir leben in Indien
Wir leben in China
Wir leben in Japan
Wir leben in Brasilien

Kinder der Welt

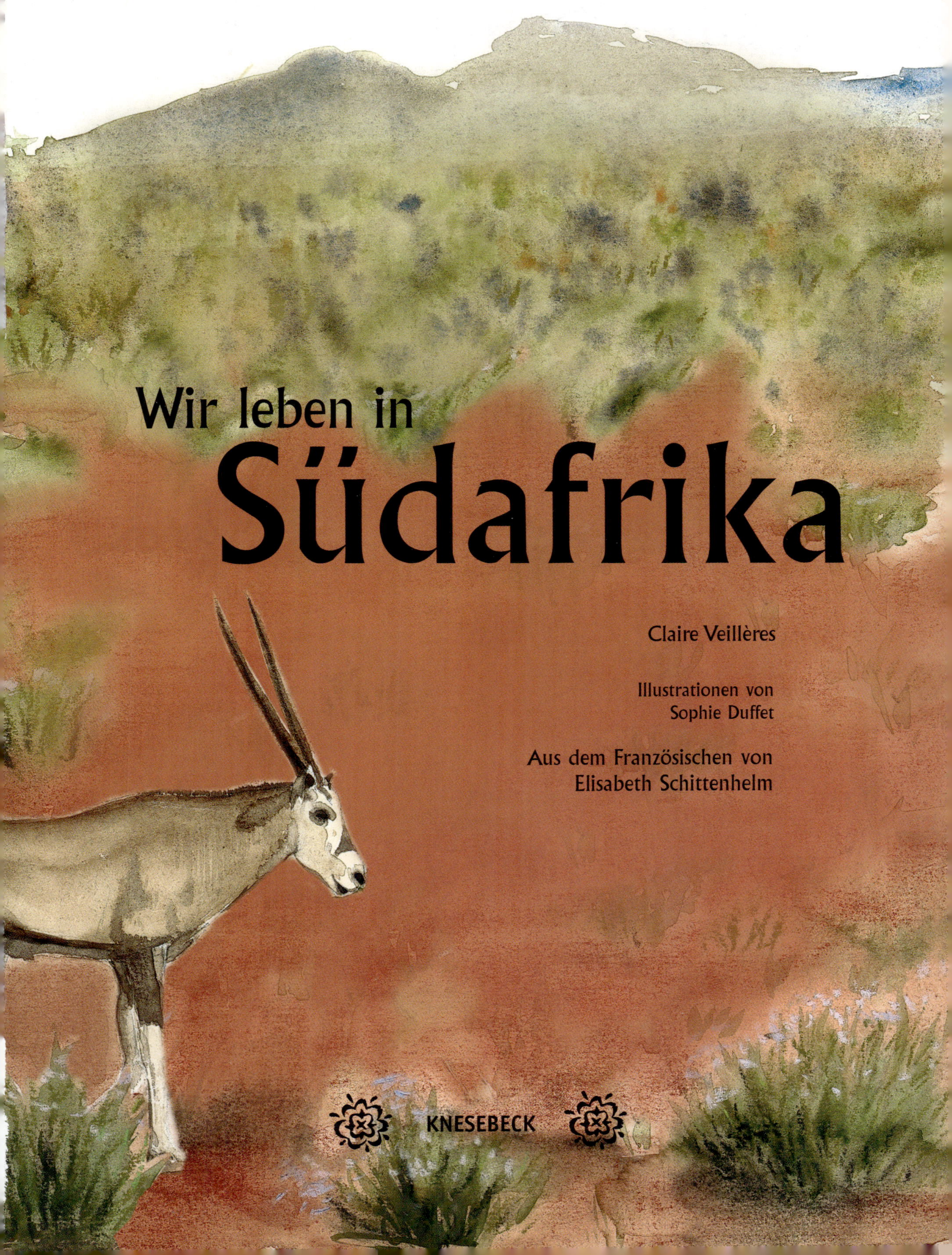

# Wir leben in Südafrika

Claire Veillères

Illustrationen von
Sophie Duffet

Aus dem Französischen von
Elisabeth Schittenhelm

KNESEBECK

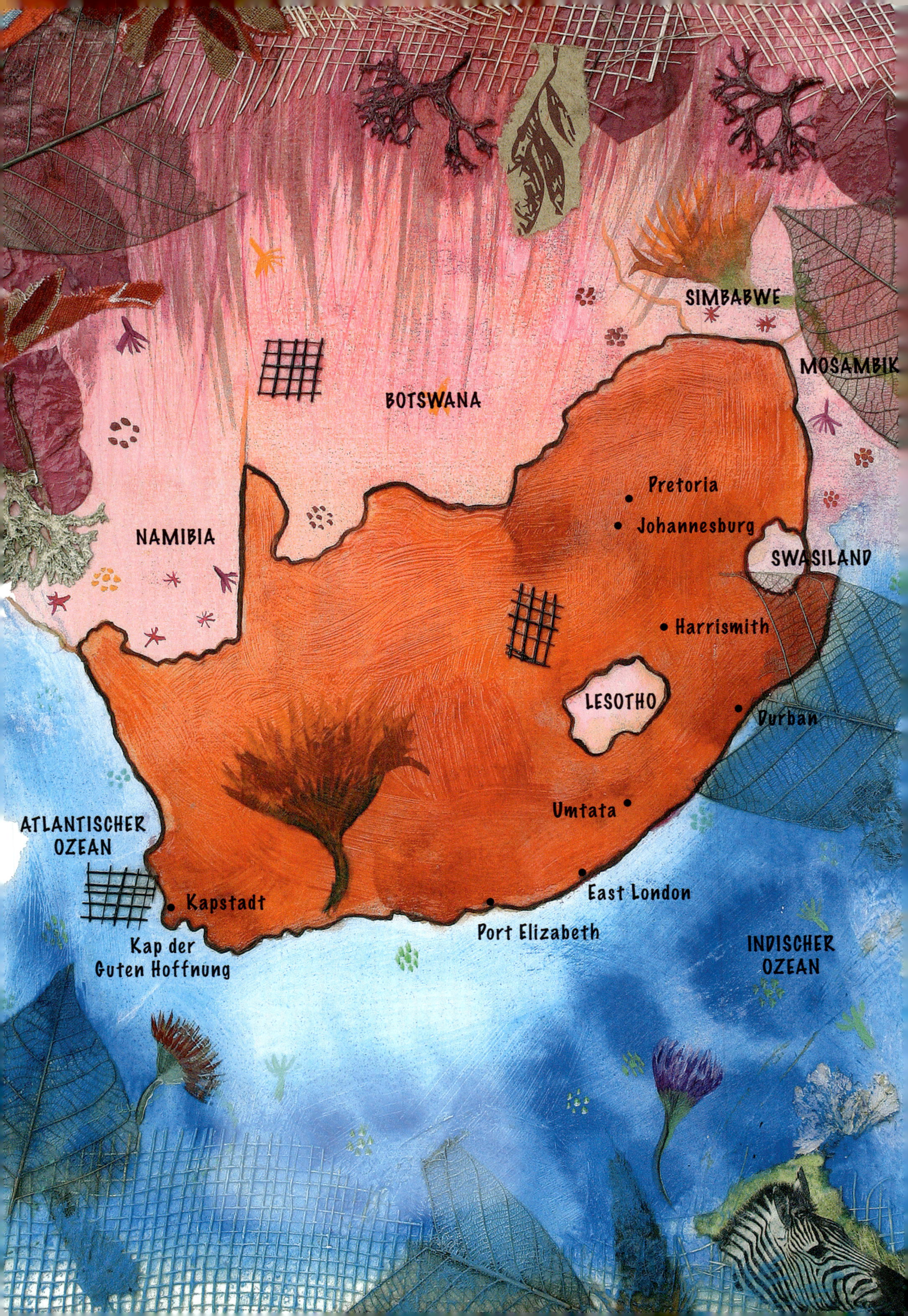
SIMBABWE
MOSAMBIK
BOTSWANA
NAMIBIA
Pretoria
Johannesburg
SWASILAND
Harrismith
LESOTHO
Durban
Umtata
ATLANTISCHER OZEAN
Kapstadt
Kap der Guten Hoffnung
East London
Port Elizabeth
INDISCHER OZEAN

# Südafrika stellt sich vor

**Fläche:** 1,2 Millionen $km^2$ (fast 3,5-mal so groß wie Deutschland)

**Bevölkerung:** Die Republik Südafrika hat 44,8 Millionen Einwohner.

**In Südafrika leben vier große Bevölkerungsgruppen:**

*Die schwarze Bevölkerung* ist die größte Gruppe (80 Prozent der Gesamtbevölkerung). Sie wurde von den Weißen in vier weitere Gruppen unterteilt, in denen jeweils mehrere Ethnien zusammengefasst sind (eine Ethnie ist eine Volksgruppe mit gleicher Sprache und gleicher Kultur): Zu den Ngunis gehören die Ethnien Zulu, Xhosa, Swazi und Ndebele. Die Gruppe der Sotho umfasst die Ethnien Tswana, Nördliche Sotho und Südliche Sotho. Schließlich gibt es noch zwei kleinere Gruppen: die Tsonga und die Venda.

*Die aus Europa stammenden Weißen* haben einen Anteil von 12 Prozent an der Gesamtbevölkerung. Die Buren (auch Afrikaaner oder Weißafrikaner genannt) sind die Nachfahren niederländischer Siedler, die ab 1652 nach Südafrika kamen. Sie betrachten sich wie die Schwarzen als Afrikaner. Der restliche Teil der weißen Bevölkerung stammt von englischen, griechischen, portugiesischen oder israelischen Einwanderern ab, die zwischen dem 17. und dem 19. Jahrhundert Südafrika besiedelten.

*Die Farbigen* bilden die dritte große Bevölkerungsgruppe. Sie sind Mischlinge, deren Vorfahren Schwarze und Weiße oder Asiaten und Weiße sind.

*Die Asiaten* stellen die kleinste Gruppe. Ihre Vorfahren sind asiatische Landarbeiter, die von den britischen Einwanderern aus ihren Kolonien (zum Beispiel Indien, Indonesien, Malaysia) nach Südafrika gebracht wurden.

**Sprachen:** Es gibt elf offizielle Amtssprachen. Neun afrikanische Sprachen (Zulu, Xhosa, Pedi, Tswana, Sotho, Tsonga, Swazi, Venda, Ndebele), eine Sprache europäischen Ursprungs (das Afrikaans, eine Mischung aus dem Niederländischen und afrikanischen Sprachen), die von den Buren gesprochen wird, und schließlich noch Englisch.

**Die wichtigsten Städte:** Johannesburg: 5 Millionen Einwohner; Kapstadt: 2,9 Millionen Einwohner; Durban: 2,5 Millionen Einwohner; Pretoria, die Hauptstadt: 1,4 Millionen Einwohner

**Bodenschätze:** Die Republik Südafrika ist sehr reich an Bodenschätzen, besonders an Gold, Diamanten, Kohle, Platin, Chrom und Eisenerz.

**Währung:** Der Rand, er ist in hundert Cent unterteilt.

# Die Geschichte

**Die jüngere Geschichte Südafrikas** ist geprägt durch eine lange Spaltung zwischen verschiedenen Bevölkerungsgruppen. Dreieinhalb Jahrhunderte lang, seit die ersten Weißen 1652 nach Südafrika kamen, haben Misstrauen und Gewalt die Beziehungen zwischen Weißen und Schwarzen belastet.

**Die ersten Europäer, die in Südafrika siedelten,** waren vor allem Niederländer, einige von ihnen stammten aber auch aus Deutschland und Frankreich. Die weißen Einwanderer vertrieben die schwarze Bevölkerung, die von der Viehzucht und der Jagd lebte, aus deren angestammten Siedlungsgebieten. Mit der Ankunft der Briten, rund 50 Jahre später, wurde der Raum für die Schwarzen noch enger. Um sich der britischen Herrschaft zu entziehen, waren die ersten Einwanderer gezwungen, das Zentrum des Landes zu verlassen. Sie nannten sich Trekburen, weiße Farmer, die auf der Suche nach Weideland für ihr Vieh durchs Land zogen. Sie waren die Vorfahren der Buren, wie ein Teil der weißen Bevölkerung Südafrikas heißt. Die Trekburen richteten unter der schwarzen Bevölkerung Blutbäder an oder trieben sie in die Sklaverei. Die Schwarzen wiederum leisteten heftigen Widerstand. Diese furchtbare Auseinandersetzung dauerte mehrere Jahrhunderte lang.

**Der Konflikt zwischen Weißen und Schwarzen** wurde unter dem Namen Apartheid schnell zur Politik im Land. Apartheid ist ein Wort aus der Sprache Afrikaans, das »Trennung« bedeutet. Mit der Apartheid-Politik wollten die Weißen (und von ihnen hauptsächlich die Buren), die sich gegenüber den Schwarzen in großer Minderheit befanden, ihre Macht im Land festigen und ausbauen. Die Apartheid wurde 1948 zu geltendem Recht. Menschenverachtende Gesetze regelten nun das Zusammenleben von Weißen und Schwarzen: Es war zum Beispiel den einzelnen »Rassen« untersagt, sich durch Heirat zu vermischen. Die Schwarzen mussten in Reservaten leben. 13 Prozent der Landesfläche waren vorgesehen für 80 Prozent der Bevölkerung! Die Schwarzen konnten sich weder frei bewegen noch durften sie die gleichen Schulen besuchen oder in die gleichen Krankenhäuser und Geschäfte gehen wie die Weißen. Sie besaßen auch kein Wahlrecht und konnten daher keinen Einfluss auf die Organisation in ihrem Land nehmen.

**Das Apartheid-Regime stieß allerdings schnell an seine Grenzen.** Der Afrikanische Nationalkongress (ANC), eine politische Vereinigung unter der Führung von Nelson Mandela, kämpfte gegen die Apartheid. Bis 1989 wehrte sich die weiße Regierung mit immer härteren Verfolgungsmaßnahmen, und Nelson Mandela selbst wurde 1962 verhaftet und zu einer Gefängnisstrafe verurteilt. Im ganzen Land hatte Gewalt die Oberhand gewonnen, was von der internationalen Staatengemeinschaft kritisiert wurde. Immer weniger Großbanken waren bereit, dem Land Geld zu leihen, und die Wirtschaft Südafrikas wurde immer schwächer. Die weißen Machthaber versuchten daraufhin, sich aus der Not zu befreien, indem sie 1990 Nelson Mandela freiließen. Im selben Jahr noch erreichte der schwarze Freiheitskämpfer durch Verhandlungen mit dem weißen Präsidenten Frederik de Klerk die Abschaffung der Apartheid. Diesen beiden mutigen Männern gelang es, das Land Südafrika in Richtung Wiedervereinigung zu führen.

**Wenn aber alle Einwohner Südafrikas gleich sind,** dann muss auch die Macht im Land demokratisch geteilt werden. Dafür setzte sich Nelson Mandela ein. Er versuchte gleichzeitig, den Weißen die Angst davor zu nehmen, dass nunmehr die Schwarzen allein Südafrika beherrschen würden, weil diese ja in der Mehrzahl wären. Im Jahr 1994 fanden die ersten demokratischen Wahlen statt, bei denen alle Afrikaner, egal welcher Herkunft, das Wahlrecht besaßen. Der Sieger war Nelson Mandela, er wurde der erste frei gewählte Präsident eines neuen, endlich demokratischen Südafrikas, in dem alle Bürger vor dem Gesetz gleich sind.

# Anna, Kevin und Nomzipo laden uns nach Südafrika ein

**Wir begleiten diese drei Kinder** durch ihr tägliches Leben in ihrer jeweiligen Heimatregion und erfahren auf diese Weise von den Beziehungen zwischen Weißen und Schwarzen.

**Anna lebt in Johannesburg,** kurz Joburg genannt, im Stadtviertel Melville. Trotz der Abschaffung sämtlicher Apartheid-Gesetze wohnen hauptsächlich Weiße in Melville, in großen, von hohen Schutzmauern umgebenen Häusern. In Annas Nachbarschaft leben auch nur Weiße, außer der Familie ihrer Freundin Leslie, einer Farbigen.

**Kevin wohnt auf einer großen Farm** in der Region Freistaat, etwa 20 Kilometer von der Stadt Harrismith und nicht weit vom Land der Zulu entfernt. Seine Eltern sind Buren und züchten Rinder, Schafe und Ziegen. Jeden Nachmittag, wenn Kevin aus der Schule nach Hause kommt, freut er sich auf sein Pferd Wind, auf dem er weite Ritte in die Umgebung unternimmt. Wie viele Buren schätzen auch Kevins Eltern die Schwarzen gering. Doch der Junge selbst denkt anders, denn er ist zusammen mit Mango aufgewachsen, dem Sohn einer Zulu, die als Köchin für seine Eltern arbeitet.

**Nomzipo ist das jüngste Kind einer Familie aus Umtata.** Das Mädchen gehört der Ethnie der Xhosa an, worauf es sehr stolz ist, denn auch Nelson Mandela ist ein Xhosa. Nomzipos Mutter ist Bäckerin. Sie muss sehr viel arbeiten, um für den Unterhalt der Familie zu sorgen, denn ihr Mann starb, als Nomzipo geboren wurde. Er war Mitglied des ANC und wurde bei Kämpfen zwischen dem ANC und der Inkatha-Partei, einer anderen Gruppe der Schwarzen, getötet. Die beiden Anti-Apartheidbewegungen stritten um ihren Einfluss bei der schwarzen Bevölkerung.

# Anna kommt aus Joburg

**Anna ist zehn Jahre alt.** Sie wohnt mit ihren Eltern in Melville, einem schönen Viertel von Johannesburg. Anna kennt sich in der Geschichte ihrer Stadt sehr gut aus, denn es ist gleichzeitig die Geschichte ihrer Familie. Ende des 19. Jahrhunderts beginnt sie: Zu dieser Zeit bestand Johannesburg nur aus ein paar Dörfern im Norden von Südafrika, mitten in der Region Gauteng gelegen, wo viele Nachfahren der niederländischen Einwanderer lebten. Niemand interessierte sich damals für diesen Ort.

**Doch das änderte sich, als die Bewohner im Jahr 1886 Gold entdeckten.** Bald schon strömten Tausende von Goldgräbern in die Region. Unter ihnen befand sich auch ein Vorfahre von Anna. Er stammte aus Großbritannien. Einer seiner Cousins, der als Angehöriger der britischen Armee in Südafrika stationiert war, hatte ihm geraten, nach Südafrika zu kommen, um dieses erstaunliche Land zu entdecken. Es war jedoch nicht die Armee, die den Ur-Ur-Ur-Großvater von Anna interessierte, sondern die Goldvorkommen, die man in der Umgebung von Johannesburg entdeckt und von denen er gehört hatte. Also brach er nach Südafrika auf, fest entschlossen, dort sein Glück zu machen und ein reicher Mann zu werden.

**Innerhalb weniger Jahre entwickelte sich Gauteng zur reichsten Region Südafrikas.** Der Name Gauteng stammt aus der Sprache Sotho: *How teng* bedeutet »Ort des Goldes«. Hier gibt es die größten Goldvorkommen des ganzen Landes. In der Nähe der Gold- und Diamantenminen entstanden große Unternehmen. Daher bildet Gauteng heute das Wirtschaftszentrum Südafrikas mit den beiden wichtigsten Städten des Landes: Johannesburg und Pretoria. Die Region Gauteng allein produziert mehr als ein Drittel des Bruttosozialprodukts (des Volkseinkommens eines Jahres) des Landes und sogar ein Zehntel des Bruttosozialprodukts des gesamten afrikanischen Kontinents!

Diesem britischen Vorfahren, der sein Glück mit Gold gemacht hat, ist es also zu verdanken, dass Annas Familie immer wohlhabend gewesen ist. Anna hat zwar schon von Armut gehört oder Berichte darüber im Fernsehen gesehen. Doch sie kann sich noch nicht richtig vorstellen, was Armut wirklich bedeutet.

## Das Frühstück

**Ein warmer Windhauch geht durch Annas Zimmer.** Sie hält noch für ein paar Sekunden die Augen geschlossen, um den Moment des Aufwachens zu genießen. Ihre Mutter hat in ihrem Zimmer die Fenster geöffnet. Die leichten Vorhänge bewegen sich im Wind, der den Duft von Jacarandas bis zu Annas Bett hinüberträgt. Die Blütezeit dieser Bäume ist zwar vorbei, doch wenn ihre riesigen Zweige über das Dach streifen, verströmen sie einen herrlichen Duft, den Anna unter Tausenden erkennt.

**Draußen ist es schon ganz hell,** und Anna kann dem neuen Tag nicht mehr widerstehen. Sie öffnet ihre Augen und springt aus dem Bett. Wie sehr sie doch den Morgen liebt! Die Farben leuchten besonders schön, und die Luft ist noch nicht zu heiß, obwohl es Dezember ist, die Zeit des Hochsommers in Südafrika. Anna geht hinunter ins Esszimmer. Im Flur begegnet sie Mpempu, der Köchin. Wie viele andere schwarze Frauen hat auch Mpempu, die bereits für Annas Eltern während der Apartheid arbeitete, ihre Stelle nach der Abschaffung der Rassentrennungsgesetze 1990 behalten. Annas Eltern haben Mpempu immer respektvoll behandelt. Doch außerhalb ihrer Arbeit hat Mpempu ganz deutlich den Unterschied zwischen der Zeit vor und der Zeit nach der Apartheid gespürt. Jetzt kann sie sich wie eine Weiße frei bewegen und in den gleichen Geschäften wie sie einkaufen. Unter den Schulkameraden ihrer Kinder befinden sich auch Weiße, weil die privaten und öffentlichen Schulen gesetzlich verpflichtet sind, alle südafrikanischen Kinder aufzunehmen, unabhängig von ihrer Herkunft.

Mpempu bringt Annas Vater zum Frühstück einen großen Teller mit Rührei und Speck. Der verlockende Duft kitzelt auch seiner Tochter in der Nase, doch sie bevorzugt weniger fette Gerichte. Sie isst morgens ein weichgekochtes Ei, Porridge (Haferbrei), knuspriges Brot mit Butter und Mangomarmelade und trinkt dazu frisch gepressten Orangensaft.

**In Annas Familie, wie in vielen weißen Familien Südafrikas,** ist das Frühstück die wichtigste Mahlzeit des Tages, manchmal auch zusammen mit dem Abendessen. Das Mittagessen hingegen ist keine richtige Mahlzeit, es besteht aus einem schnellen Imbiss: einem Sandwich oder etwas Obst. Es kommt sogar vor, dass Anna erst am frühen Nachmittag, wenn sie in der Schule keinen Sport hat, eine Kleinigkeit zu Hause isst. Der Schulunterricht beginnt morgens um 8 Uhr und ist nachmittags um 15 Uhr oder 15.30 Uhr zu Ende. Danach haben die Schüler häufig noch Sport: Kricket, Rugby, Fußball, Schwimmen, Laufen, ... Anna findet Sport toll. Sie geht mit ihrer besten Freundin Leslie oft schwimmen und nimmt an Wettkämpfen teil, die die Schulen untereinander austragen. Auch Kricket mag sie, Leslie hingegen ist nicht in Annas Kricketmannschaft. Anna hat festgestellt, dass es vorwiegend Mädchen aus Familien britischer Herkunft sind, die Kricket spielen. Es waren tatsächlich die Engländer, die diesen Sport in Südafrika eingeführt haben. Leslie aber ist eine Farbige, genau wie ihr Vater und ihre Mutter. Sie sind eher Fußballfans wie sehr viele Südafrikaner.

# Das Incwala-Fest

**In ein paar Tagen macht Mpempu Ferien** in ihrem Heimatland Swaziland. Dieses kleine, seit 1968 unabhängige Königreich ist ein Binnenstaat in Südafrika und liegt östlich von Johannesburg an der Grenze zu Mosambik. Die Einwohner von Swaziland sind auf ihre Weise auch Südafrikaner: Es leben und arbeiten nämlich mehr Swazi in Südafrika als in ihrem eigenen Land.

Jedes Jahr kehrt Mpempu zum Incwala-Fest in ihre Heimat zurück. Für das Volk der Swazi ist Incwala das Fest der ersten Ernte im neuen Jahr, das Ende Dezember oder im Januar stattfindet.

**Das Incwala-Fest dauert vier Tage** und beginnt mit der letzten Neumondnacht des Jahres, wenn nach dem Mondkalender die Ernte stattfinden soll. In der ersten Nacht begeben sich die jungen Swazi-Männer auf die Suche nach einem bestimmten Strauch, dessen Zweige sie als Festschmuck verwenden. Danach machen sie sich auf den weiten Weg zum Kraal Royal, dem Dorf des Königs. Wenn sie am Ende des zweiten Tages dort angekommen sind, stimmen sie Gesänge an, die ausschließlich für diese Zeremonie

bestimmt sind. Am nächsten Morgen wird ein Bulle geschlachtet und den Göttern als Opfer dargebracht, und am vierten Tag tritt der König schließlich aus seinem Kraal heraus, um vor dem Volk zu tanzen und feierlich die erste Frucht, einen Kürbis, zu essen. Mit dieser symbolischen Geste erteilt er seinen Untertanen die Erlaubnis, mit der ersten Ernte des neuen Jahres zu beginnen.

## Ein Heimatland, das man wenig kennt

**Anna möchte Mpempu gerne einmal begleiten,** wenn diese zum Incwala-Fest fährt. Das Mädchen hat der Köchin von ihrem heimlichen Wunsch erzählt, und deshalb wird Mpempu Annas Eltern fragen, ob sie Anna zu dem Fest mitnehmen darf.

**Anna ist in dem Gefühl aufgewachsen,** ihr Land nicht wirklich zu kennen. Heute kann sie es sogar mitten im Garten ihres Elternhauses spüren. Die Mauer um den Garten ist so hoch, dass das Mädchen nie sehen kann, was draußen vor sich geht. Über der Mauer befindet sich noch ein Elektrozaun, der Einbrecher abschrecken soll. Eine lange, bewegliche Sperre, die ebenfalls jegliche Sicht nimmt, regelt die Ein- und Ausfahrt, wenn Annas Eltern mit dem Auto unterwegs sind. In der Nähe des Eingangstores steht ein kleines Haus mit zwei Wohnungen, in der einen wohnt Mpempu, in der anderen der Hausmeister, der sich auch um den Garten und um Reparaturen kümmert. Anna verlässt das Grundstück immer nur im Auto, meistens zusammen mit ihrer Mutter, manchmal aber auch in Begleitung von Leslies Eltern, wenn sie Anna

abholen, um die beiden Mädchen zur Schule oder zum Sportplatz zu fahren. Anna weiß, warum ihre Eltern sie nicht alleine von zu Hause weggehen lassen. Johannesburg ist eine gefährliche Stadt, in der Diebstahl und Gewalttaten besonders häufig vorkommen. Ihre Mutter hat ihr erklärt, dass ihre Familie das Glück hatte, niemals etwas entbehren zu müssen, doch dass es zahlreiche Südafrikaner gibt, besonders unter der schwarzen Bevölkerung, die in großer Armut leben und manchmal dazu getrieben werden, Straftaten zu begehen. Tatsächlich leben mehr als 60 Prozent aller Südafrikaner in Armut, und mehr als die Hälfte aller jungen Schwarzen hat keine Arbeit. Im Durchschnitt verfügen die Weißen über zwölfmal soviel Geld zum Leben wie die Schwarzen!

**Wenn Anna und Leslie einmal alleine bummeln gehen dürfen,** lassen sie sich mit dem Auto zu dem großen Einkaufszentrum fahren, das Annas Vater leitet und nur wenige Kilometer vom Elternhaus entfernt liegt. Es ist eine streng bewachte Miniaturstadt, durch die man in aller Sicherheit schlendern kann. Man begegnet hier wenigen Schwarzen oder Farbigen wie Leslie. Auch wenn ihnen der Zutritt nicht verboten ist, so fühlen sie sich doch nicht sehr wohl an diesem Ort. Die Weißen hingegen gehen ins Café oder ins Kino, erledigen ihre Einkäufe und nutzen die Zeit zum Flanieren. Anna und ihre Freundin verbringen hier manchmal mehrere Stunden.

# Als Farbige hat man es manchmal schwer

**Leslie lebt ähnlich wie Anna,** da auch ihre Eltern wohlhabend sind, und doch ist Leslies Leben ganz anders: Sie ist eine Farbige.
Ihr großer Bruder arbeitet weit weg von Johannesburg. Manchmal besucht er seine Eltern, vor allem, weil er dann seine kleine Schwester in die Arme schließen kann. Er liebt sie sehr. Eines Tages hat Anna im Haus von Leslies Familie eine Szene miterlebt, die sie irritiert hat. Es war eine lange Diskussion, in deren Verlauf Leslies Bruder seinen Eltern vorwarf, die schwarzen Familienangehörigen zu vernachlässigen (zwei von Leslies Großeltern sind Schwarze), deren Traditionen und Sprachen abzulehnen und immer wie Weiße leben und denken zu wollen. Leslies Eltern schwiegen. Sie ließen ihren aufgebrachten Sohn weiterreden und unterbrachen ihn nur ab und zu, um ihm zu sagen, dass er noch zu jung sei, um die Situation zu verstehen. Die Situation verstehen … aber welche Situation?, fragte sich Anna.

**Als sie diese Frage später ihrem Vater stellte,** erklärte er ihr, dass die Farbigen schon immer, aber vor allem während der Apartheid, von der Gesellschaft und der südafrikanischen Regierung in eine schwierige Rolle getrieben wurden. Die Weißen lehnten es ab, die Farbigen als ihresgleichen zu betrachten, und die Farbigen wiederum wollten nicht in die Nähe der Schwarzen gerückt werden, dieser am meisten ausgebeuteten und verachteten Bewohner des Landes. Darüber hinaus nutzte die weiße Regierung die besondere Situation der Farbigen schamlos aus: Um die Position der schwarzen Regierungsgegner während der Apartheid zu schwächen, hatte die weiße Regierung den Farbigen bestimmte Rechte zugestanden (vor allem das Wahlrecht in einigen Regionen), dennoch waren sie den Weißen gegenüber nicht gleichgestellt! Die Regierung wollte einfach, dass die Farbigen sie unterstützen, während gleichzeitig die Apartheid-Gesetze dazu führten, dass sie wegen ihrer Hautfarbe von den Weißen abgelehnt wurden.

**So erhielten die Farbigen erst mit dem Ende der Apartheid** die vollen Bürgerrechte, wie Anna von ihrem Vater weiter erfuhr. Doch die schwierige Vergangenheit der Farbigen zeigt sich manchmal auch heute noch an ihrem Verhalten. Manche sind immer noch darauf bedacht, den Weißen so ähnlich wie möglich zu sein, andere hingegen wollen an die Kultur der Schwarzen anknüpfen. Das Verhalten und die Denkweise von Menschen verändern sich stets langsamer als Gesetze, meinte Annas Vater.

# Jabulani, vor den Toren von Soweto

**Anna stellte fest, dass ihr Vater Recht hatte,** als er sagte, dass sich im wirklichen Leben die Dinge nicht so schnell ändern wie die Entscheidungen von Regierungen. Obwohl die Apartheid 1990 abgeschafft wurde, fanden die ersten Wahlen, an denen alle Bevölkerungsgruppen teilnehmen durften, erst 1994 statt.

**Als ihre Mutter sie an einem Nachmittag mit nach Jabulani nimmt,** entdeckt Anna, wie getrennt voneinander die verschiedenen Bevölkerungsgruppen in Südafrika immer noch leben. Melville und Jabulani sind zwei verschiedene Welten in der gleichen Stadt. Seit einigen Monaten gibt Annas Mutter Nachhilfeunterricht an der Mittelschule von Jabulani, der zum überwiegenden Teil von schwarzen Schülern in Anspruch genommen wird. Annas Mutter hat immer die Versöhnung zwischen Weißen und Schwarzen gewollt. Für sie ist Nelson Mandela ein echter Held, ein außergewöhnlicher Mensch. Sie bewundert die Art und Weise, mit der er unerschütterlich ein

einziges Ziel verfolgt hat: ein demokratisches Südafrika, in dem alle Bewohner frei und gleich sind und es keine Rassenunterschiede gibt. Um das zu erreichen, darf keine Bevölkerungsgruppe über die andere herrschen, egal ob schwarz oder weiß. Annas Mutter legt Wert darauf, dass ihre Tochter diesen Gedanken richtig versteht: Das Ende der Apartheid bedeutete nicht, dass die Macht der einen durch die Macht der anderen ersetzt wird, die Macht der weißen Minderheit durch die Macht der schwarzen Mehrheit. Vielmehr sollte eine Zeit anbrechen, in der einzig und allein der Bürger Südafrikas zählt, unabhängig davon, ob er Weißer, Schwarzer, Farbiger oder Asiate ist. Doch es braucht viel Zeit, bis sich die gesetzlich verankerte Gleichheit auch im täglichen Leben der Bürger zeigt. In ihrem Wohnort Melville ist Anna fast nur von Weißen umgeben, während in Jabulani vor allem Schwarze leben.

## South West Township

**Die Mittelschule von Jabulani** befindet sich direkt am Stadteingang von Soweto. Soweto ist die Abkürzung für South West Township, »Vorstadt im Südwesten«. So nannten die Weißen zur Zeit der Apartheid die Orte, in denen die Schwarzen leben durften. Das zeigt, wie gering sie geschätzt wurden.

**Nachdem Anna einen solchen Ort kennen gelernt hatte,** konnte sie besser verstehen, was diese Townships während der Apartheid waren. Der Gedanke, der hinter ihrer Errichtung steckte, war einfach und schrecklich zugleich: Man wollte die schwarze Bevölkerung so weit wie möglich von den Weißen entfernen, ohne jedoch auf ihre Arbeitskraft zu verzichten, die für die südafrikanische Wirtschaft notwendig war. Die Schwarzen traten also in die Welt der Weißen ein, um dort zu arbeiten, und verschwanden wieder, sobald ihre Arbeit beendet war. Wenn sie ihr Ghetto verlassen wollten, mussten sie eine Genehmigung vorweisen. In ihrem eigenen Land waren sie Gefangene!

**Anna weiß auch, dass die Apartheidpolitik** mit der Errichtung von sogenannten Homelands (die Weißen nannten sie Bantustan) im Jahr 1962 noch weiter vorangetrieben wurde. Ziel der damaligen weißen Regierung war es, unabhängige Gebiete zu schaffen, in denen ausschließlich Schwarze unter eigenständiger Verwaltung lebten. In Wirklichkeit aber waren diese Homelands einfach vom übrigen Staatsgebiet abgetrennte Reservate. Diese rassistische Politik hatte furchtbare Folgen. Die Schwarzen, die weiter in den Städten arbeiteten und an den Stadträndern in Townships wohnten, waren plötzlich Fremde in ihrem Heimatland. Sie besaßen in den Townships kein dauerhaftes Wohnrecht mehr. Diese Heuchelei der weißen Machthaber wurde von den Vereinten Nationen (UN) angeprangert und führte dazu, dass kein Staat der Welt die Homelands als selbstständig anerkannte. Auch der ANC lehnte die Homelands stets ab.

**Heute sind bestimmte Teile von Soweto** immer noch sehr arm wie zur Zeit des Widerstandes gegen die Apartheid, doch in anderen Teilen der riesigen Townships hat sich die Situation deutlich verbessert. Annas Mutter fühlt sich dadurch ermutigt, die Kinder, die dort leben, weiterhin zu unterstützen. Ihre Tochter hat in Jabulani ein anderes Südafrika kennen gelernt, ein Südafrika, das sie nie mehr vergessen wird.

# Kevin, der Sohn eines weißen Farmers

**Wie Anna, so ist auch Kevin ein Südafrikaner** europäischer Abstammung. Doch da hören die Gemeinsamkeiten auch schon auf. Denn Kevin lebt ganz anders als Anna: Seine Eltern sind Viehzüchter und wohnen auf einem großen Bauernhof (einer Farm), der auf einer weiten Hochebene liegt. Der Blick von hier aus erscheint endlos. Von dem Fenster seines Zimmers aus blickt der Junge nicht, wie Anna, auf hohe, elektrogeschützte Mauern rings um das Haus, sondern auf das riesige Veld (so nennt man in Südafrika die ländlichen Gebiete): Weiden und Sonnenblumenfelder, die sich sanft wiegen und sich in der Unendlichkeit zu verlieren scheinen.

**Kevins Eltern siedeln seit mehreren Generationen** im westlichen Teil von Freistaat, einer Region, die ungefähr hundert Kilometer von Johannesburg entfernt liegt und an Kwazulu-Natal grenzt, dem Gebiet der Zulu. Die Bezeichnung Freistaat erhielt diese Region erst nach den freien Wahlen von 1994. Doch dieser Namensgebung liegen wichtige historische Ereignisse zugrunde.

**Im 19. Jahrhundert versuchten die Briten,** Südafrika unter ihrer Herrschaft zu vereinen. Um sich ihrer Macht zu entziehen, verließen die ersten niederländischen Siedler allmählich die Kapkolonie und zogen sich ins Hinterland zurück. Diese sogenannten Voortrekker (das Wort aus dem Afrikaans bedeutet »Die, die vorausgehen«) zogen Richtung Norden und Osten und siedelten in der Nähe des großen Flusses Oranje. Die Sotho und Tswana, die dort lebten, brachten ihnen wenig Widerstand entgegen, die Zulu aber wehrten sich.

**Nach Auseinandersetzungen mit den Zulu** gründeten sie 1854 die unabhängige Burenrepublik Oranje-Freistaat, um damit offen ihren Willen zu zeigen, sich weder den Briten noch den Schwarzen zu unterwerfen. Nach dem Ende des Krieges zwischen Großbritannien und der Burenrepublik (Burenkrieg) im Jahr 1902 verloren die Buren ihre politische Unabhängigkeit. In Erinnerung an die frühere politische Freiheit erhielt die Region nach dem Ende der Apartheid den Namen Freistaat. Die heutigen Einwohner von Freistaat versuchen nicht, sich vom Rest Südafrikas abzusondern. Sie wollen durch den Namen ihrer Region lediglich daran erinnern, dass sie eine besondere Geschichte haben.

## Die Kirche

**Kevins Familie gehört der Niederländischen Reformierten Kirche an.** Sie sind demnach Calvinisten, das heißt Anhänger der Lehren Calvins, der ein Mitbegründer der protestantischen Religion in Europa im 16. Jahrhundert war.

**Der Protestantismus ist die am meisten praktizierte Religion in Südafrika.** Die anderen Religionen sind der Hinduismus (wozu sich Zweidrittel der Südafrikaner mit indischer oder indonesischer Herkunft bekennen), der Islam, das Judentum und schließlich noch die traditionellen afrikanischen Religionen, die von einem kleinen Teil der schwarzen Bevölkerung ausgeübt werden.

**Die Religion spielt eine sehr große Rolle im Leben der Südafrikaner,** insbesondere der Buren. Ihrem Glauben folgend waren Kevins Vorfahren überzeugt davon, dass die ersten niederländischen, französischen oder deutschen Siedler, die in ihren europäischen Heimatländern wegen ihrer Zugehörigkeit zum Calvinismus verfolgt wurden, von Gott nach Südafrika geschickt worden waren. Es war für sie das »versprochene Land«, ein Ort, an dem sie ihren Gott endlich frei verehren konnten. So betrachteten sie sich als ein Volk, das von Gott aufgefordert worden war, auch die schwarze Bevölkerung zu zivilisieren und für ihr Heil zu sorgen. Aus diesem Gefühl religiöser und moralischer Überlegenheit heraus zögerten die europäischen Siedler keinen Augenblick, die sich widersetzenden Schwarzen zu versklaven oder sie sogar zu töten. In ihrer Gewissheit, den Willen Gottes auszuführen, kamen sie auch auf den Gedanken der Apartheid.

## Die Buren

**Bis zur Abschaffung der Apartheid** glaubten die Buren, dass die Unterschiede zwischen Weißen und Schwarzen so groß sind, dass nur durch eine Trennung der beiden Völker ein Leben im selben Land möglich sei. Das war ein dummer, ungerechter und rassistischer Gedanke!

**Die Apartheid geht auf die Buren zurück,** deren Muttersprache das Afrikaans ist. Die Apartheidsgesetze traten 1948 in Kraft, als nach den damaligen Wahlen (zu dieser Zeit nur den Weißen vorbehalten) ein Bure an die Macht kam. Die Art und Weise, in der die Buren ihr Land betrachteten, lag in ihrer Geschichte begründet. Als erste Weiße, die zur Eroberung des Landes auszogen, meinten sie, zunächst die schwarzen Bevölkerungsgruppen besiegen zu müssen, um in ihrer neuen Heimat auf Dauer sesshaft werden zu können. Dann kämpften sie gegen die Briten, Weiße wie sie, die später nach Südafrika gekommen waren. So fühlten sie sich immer isoliert, aber auch bedroht sowohl von den Schwarzen, die ihnen zahlenmäßig überlegen waren, als auch von den anderen Weißen. Daher wollten sie unbedingt eine Politik, die ihre Identität und Kultur schützte und die »Reinheit ihrer Rasse« bewahrte. Die Apartheid, so fanden sie, unterstützte dieses Ziel, indem sie die verschiedenen Völkergruppen trennte und eine Eheschließung zwischen Menschen verschiedener Gruppen verbot.

**Auch wenn Kevins Eltern das Ende der Apartheid akzeptiert haben,** sind sie weiterhin davon überzeugt, dass die Buren nur weiterbestehen können, wenn eine Vermischung mit Menschen, die anderer Herkunft als sie selbst sind, vermieden wird. Daher achten sie ganz genau darauf, mit wem Kevin befreundet ist, und ermuntern ihn, eher Freundschaften mit anderen burischen Kindern einzugehen.

## Schule heute

**Der elfjährige Kevin duldet die Meinung seiner Eltern,** aber so richtig kann er sie nicht verstehen, denn in seinem Alltag erlebt er die Dinge ganz anders.

**Kevin geht in eine öffentliche Schule.** Er hat viele weiße Klassenkameraden, die aus den umliegenden Farmen kommen, aber auch schwarze und farbige. Auch die Privatschulen nehmen theoretisch Schwarze und Farbige auf. Da sie jedoch wesentlich teurer als die öffentlichen Schulen sind, können nur wohlhabende Familien (meistens also weiße) ihre Kinder dort anmelden.

**Seit dem Ende der Apartheid** hat sich die Schule in vielen Punkten verändert. Sie ist staatlich geworden, das heißt in allen Schulen des Landes werden die gleichen Schulprogramme angewandt. Das einzige, was die Schulen voneinander unterscheidet, ist das Angebot an Sprachen. Jedes Kind hat Anspruch darauf, in seiner Muttersprache unterrichtet zu werden (in einer der elf offiziellen Amtssprachen), und ist verpflichtet, mindestens zwei Sprachen zu erlernen. Daraus ergeben sich verschiedene Sprachenkombinationen, die von den Schulen individuell angeboten werden.

**In Kevins Schule werden die Kinder** in Afrikaans und Zulu unterrichtet. Die Geschichte des Landes, wie Kevin sie aus dem Schulunterricht erfährt, ist nicht dieselbe, die seine Eltern zur Zeit der Apartheid noch gelernt haben. Heute wird den Schülern zu gleichen Teilen die Geschichte der Weißen und der Schwarzen vermittelt. *Ubuntu*, so hat er gelernt, heißt auf Zulu »Menschlichkeit«. Kevins Eltern haben die Geschichte Südafrikas hauptsächlich aus der Sicht der Weißen kennen gelernt. Im Übrigen standen den Schwarzen während der Apartheid nicht die gleichen Bildungsmöglichkeiten zur Verfügung wie den Weißen. Daher können zahlreiche Schwarze, die unter dem alten Regime aufgewachsen sind, weder lesen noch schreiben: Sie sind Analphabeten.

# Kevin und Mango

**Kevins bester Freund ist Mango,** der Sohn einer Zulu, die für die Familie kocht. Die beiden Jungen sind zusammen aufgewachsen. Sie lieben es beide, auf dem Rücken ihrer Pferde das Veld zu erforschen, reiten Rinderherden hinterher und schauen gerne bei der Geburt von Kälbern zu.

**Kevin sieht keinen Unterschied zwischen Mango** und sich selbst. Sicher, die Freunde von Mangos Eltern leben in den von Sotho und Tswana bewohnten Stadtvierteln, deren kleine, bunte Häuser verstreut in der Landschaft liegen. Kevin kann sie vom Fenster seines Zimmers aus in der Ferne sehen. Und es stimmt auch, dass Kevin mit seiner Familie nur Farmen besucht, die ebenfalls von Weißen geführt werden. Doch das spielt alles keine Rolle, denn es ist Mango, mit dem Kevin seine gesamte Freizeit verbringt, und beide Jungen haben die gleichen Vorlieben und oft die gleiche Meinung. Kevin wird jedes Mal traurig und schämt sich für seine Eltern, wenn er bemerkt, wie sie es kategorisch ablehnen, Mango zum Essen einzuladen, während Kevin, ohne das Wissen der Eltern natürlich, weiterhin die Freunde von Mango besucht, die zu den Sotho gehören. Einmal hat Kevin, als eine Art Entschuldigung, für Mango die burische Spezialität Bredie gekocht, ein Lammragout mit Gemüse. Die beiden Jungen haben sich zum Essen einen unbeobachteten Platz ausgesucht: den Viehstall. Hier konnten sie sicher sein, von Kevins Eltern nicht entdeckt zu werden. Zum Schluss ihres Festmahls gab es noch Koeksester, das ist frittiertes und mit Honig überzogenes Gebäck, es ist sehr beliebt bei den Buren.

## Blood River und König Shaka

**Die beiden Jungen lieben es, sich gegenseitig die Geschichten** der großen Kriegsschlachten ihrer Völker zu erzählen. Ausgestreckt auf einem Strohballen im Hofschuppen, erzählt Kevin mit leiser Stimme Mango von der Schlacht am Blood River im Jahr 1838, als sich 500 mit Gewehren bewaffnete Buren und mehr als 10 000 mit Lanzen bewaffnete Zulu gegenüberstanden. Von den Buren wurden nur wenige verwundet. Hingegen gab es auf Seiten der Zulu Tausende von Toten, die von Gewehrkugeln getroffen worden waren. Ihr Blut färbte den Fluss rot, woraufhin man ihn Blood River nannte, den »Blutfluss«. Die Buren, die vor der Schlacht noch geglaubt hatten, ihre letzte Stunde sei gekommen, sahen in dem Sieg ein göttliches Zeichen. Mehr als je zuvor waren sie überzeugt davon, dass dieses Land ihnen von Gott geschenkt worden war.

**Mangos Held ist König Shaka,** unehelicher Sohn des Senzagakhona, König der Zulu. Er übernahm 1818, nach dem Tod seines Vaters, die Macht und gab seinem Volk eine neue, straff organisierte Armee: die Impi. Die Anzahl ihrer Mitglieder stieg innerhalb weniger Jahre von 400 auf 15 000 Krieger. Doch die Gewehre überwältigten schließlich die furchtlosen schwarzen Krieger. Jedenfalls ist sich Mango sicher, dass ohne die technische Überlegenheit der Weißen die Zulu alle Schlachten gewonnen hätten.

**Mango hat ihm erklärt, dass Zulu** übersetzt »Sohn des Himmels« bedeutet. Buren und Zulu sind sich eigentlich ähnlich, denkt Kevin: Beide behaupten, nach dem Willen Gottes zu handeln. Das ist vielleicht auch einer der Gründe, warum er sich seinem Freund so nahe fühlt. Mango hat Kevin außerdem vorgeschlagen, ihn zur Hochzeit seiner Schwester mitzunehmen, die im Kraal, im Heimatdorf der Familie, in Zululand stattfindet. Kevin befürchtet aber, dass seine Eltern es ihm nicht erlauben werden.

# Mangos Schwester heiratet

**Kevin hatte fest geglaubt, dass er Mango zur Hochzeit** seiner Schwester niemals würde begleiten können. Als er seine Eltern fragte, ob er mitfahren darf, haben sie sofort nein gesagt. Selbst Mangos Mutter konnte sie nicht überzeugen.

**Nur Mangos Vater, der persönlich aus Kwazulu angereist war,** um seinen Sohn abzuholen, vermochte Kevins Eltern umzustimmen und versicherte ihnen, dass Kevin während der Reise und des Aufenthaltes im Kraal der Familie unter seiner persönlichen Obhut stehe. Kevin und seine Begleiter kamen gestern, am Vorabend der Hochzeit, an. Heute Morgen hat Kevin zusammen mit den Männern, die das Gefolge des Bräutigams bilden, den Kraal verlassen. Er verfolgt aufmerksam das Geschehen, denn er möchte am liebsten alles ganz genau festhalten, jedes Bild und jeden Eindruck. Mango und sein Vater sind an seiner Seite in diesem großen Zug von Männern, angeführt vom Bräutigam.

**Die eigentliche Hochzeitszeremonie** zwischen den Eheleuten findet außerhalb des Dorfes, hoch oben auf einem Hügel statt. Der Bräutigam und die hinter ihm versammelten Männer blicken aufmerksam dem Zug von Frauen entgegen, der sich unter Gesängen langsam auf sie zubewegt. Die Frauen tragen auf ihren Köpfen Matratzen, Möbel, Töpfe und sämtliche Gegenstände, die dem Bräutigam als Gaben für den zukünftigen Haushalt überbracht und vor ihm abgelegt werden.
Der Bräutigam hat seiner zukünftigen Ehefrau bereits die Loloba geschenkt, eine Mitgift: Die zehn Kühe weiden etwas weiter entfernt und werden von jungen Zulu-Hirten bewacht.
Mangos Schwester führt den Zug der Frauen an. Ihr Gesicht ist versteckt unter einem Schleier aus Perlen, der bei jeder Kopfbewegung ein leises Klingen von sich gibt. Das Brautkleid besteht aus einem langen Tuch, das um ihren Körper gewickelt ist und ihn ganz bedeckt. Junge Mädchen begleiten die Braut, sie tragen einen Rock aus schwarzem Krepp und den gleichen Perlenschleier wie die Braut, ihr Oberkörper ist jedoch nackt.

**Wenn der Frauenzug beim Bräutigam** und seinen Kriegern angekommen ist, beginnen die Brautjungfern einen wilden Tanz. Sie stampfen mit ihren nackten Füßen auf den Boden, heben ihre Beine hoch und lassen ihre

Röcke schwingen. Auf diese Weise provozieren sie die Männer und fordern den Ehemann auf, seinen Mut und seine Redegewandtheit zu zeigen. Daraufhin bringen sich die Begleiter des Bräutigams in Position, während dieser in seiner Stellung verharrt, gekleidet in ein Gewand aus Leopardenfell und mit einem schwarzen Federschmuck auf dem Kopf, der sich im Wind bewegt.

**Nun beginnen die Männer zu tanzen,** als Antwort auf den Tanz der Frauen. Schließlich tanzen beide Gruppen zusammen, wobei sie sich weiterhin gegenüberstehen, und zwar so lange, bis der Ehemann mit einer Handbewegung das Zeichen dafür gibt, dass zwischen beiden Lagern nun Übereinstimmung herrscht. Sofort hören alle auf zu tanzen, und es ist ganz still. Der Bräutigam erhebt sich und geht langsam auf die Braut zu. Er hebt ihren Perlenschleier hoch, und in dem Moment, in dem sich die Blicke der Brautleute treffen, ist ihre Ehe besiegelt.

# Kevin kehrt ins Land der Zulu zurück

**Später, zurück im Dorf, finden weitere Kriegstänze** und Turnierkämpfe statt. Dabei treten die Jüngsten gegen erfahrene Männer an. Die Hochzeitsfeier dauert drei Tage, in denen die Gäste essen, singen und tanzen.

**Das ist die Gelegenheit für Kevin,** die Mopane Worms zu probieren. Das sind Raupen, die von Mopanen (einer Baumart in Südafrika) gesammelt, danach getrocknet und mit einer würzigen Soße gegessen werden. Beim Reinbeißen knirscht es so schön zwischen den Zähnen!

**Inzwischen ist Kevin wieder nach Hause zurückgekehrt,** ganz begeistert von seinem Aufenthalt bei Mango. Der Zulu-Junge ist stolz darauf, seinem Freund eine solche Freude bereitet zu haben, und hat ihm versprochen, ihn bei einer anderen Gelegenheit wieder zu sich einzuladen. Vielleicht wäre es möglich, dass Kevin ihn zum Schilfrohr-Fest begleitet, bei dem jedes Jahr Tausende junger Zulu-Mädchen versammelt sind. Mehrere Tage lang tanzen sie vor dem König. Nach dem letzten Tanz wählt dieser aus ihrem Kreis eine neue Ehefrau aus. Mango denkt auch an das Fest des Königs Shaka, das am letzten Samstag im September in Kwadukaza stattfindet und zu Ehren des heldenhaften Gründers des Zulu-Staates mit Gesängen, Tänzen und Turnierkämpfen gefeiert wird.

# Nomzipo, die Tochter einer Bäckerin aus Umtata

**Nomzipo ist eine Bäckertochter.** Sie ist zwölf Jahre alt und wohnt in Umtata, im Norden der Region Ostkap, an der Küste des Indischen Ozeans. Lange Zeit hat Nomzipo geglaubt, niemals in einer anderen Stadt als Umtata leben zu können. Sie liebt diese Stadt aus mehreren Gründen, unter anderem aber deshalb, weil Nelson Mandela direkt nebenan, in dem Dorf Mveso, geboren worden ist.

**Nelson Mandela wuchs anschließend in Qunu auf,** ungefähr 30 Kilometer von Umtata entfernt. Deshalb gibt es in Umtata ein Museum, das dem ersten schwarzen Präsidenten Südafrikas gewidmet ist: das Nelson-Mandela-Museum. Wenn Nomzipos Mutter Freunde aus anderen Regionen des Landes empfängt, geht ihre Tochter häufig mit ihnen in dieses Museum.

**Umtata liegt in einer Region, die das erste Homeland war,** das von der weißen Regierung Südafrikas im Jahr 1962 geschaffen wurde. Das ist einer der Gründe, warum die 80 000 Menschen, die in Umtata leben, fast ausschließlich Schwarze sind.
Nomzipo weiß, dass dies eine Ausnahme ist, denn in Südafrika wurden die Städte häufig von und für die Weißen gebaut. Heute allerdings verbietet niemand mehr den Schwarzen, Farbigen oder Asiaten, in Städte zu ziehen, um dort zu wohnen. Und diejenigen, die es sich leisten können, tun es auch.

# Der Duft von warmem Brot

**Jede Nacht erwacht Nomzipo kurz gegen 4 Uhr morgens.** Dann strömt der Duft von frischem Brot aus der Backstube ihrer Mutter bis in das Zimmer des Mädchens und ihrer Schwester.

**Dieser Duft, vermischt mit dem von verbranntem Holz,** beruhigt Nomzipo, weil sie dann weiß, dass dieser Tag ganz normal beginnt. Ihre Mutter ist zeitig aufgestanden, um den Teig zu kneten. Die Brote sind fertig, wenn Nomzipos ältere Schwester, die neben ihr schläft, die Bäckerei um 7 Uhr morgens öffnet. Nomzipo wird nie diesen Morgen im September 1998 vergessen, an dem sie kein Brotgeruch aus dem Schlaf weckte. Die Backstube blieb dunkel, der Ofen kalt und der Backtrog leer. Am Abend davor war Nomzipos Vater bei einer Schlägerei zwischen Mitgliedern des ANC und der Zulu-Partei Inkatha ums Leben gekommen, die 1975 gegründet worden war und deren Vorsitzender Mangosuthu Buthelezi wurde.

**Es wird viel über die Zusammenstöße zwischen Schwarzen und Weißen gesprochen,** weniger aber über die Bruderkriege, die in den ersten Jahren nach der Abschaffung der Apartheid die schwarze Bevölkerung zerrissen hat. Zu dieser Zeit musste das südafrikanische Volk darüber entscheiden, wie die neue Macht im Land organisiert werden sollte. Für die weiße Regierung unter der Führung von Frederik de Klerk war Nelson Mandela der unbestrittene Anführer der schwarzen Gemeinschaft. Die große Mehrheit der Schwarzen dachte genauso. Doch gleichzeitig befürchteten sie, dass Nelson Mandela, sobald er an die Macht gekommen wäre, seine eigene Ethnie, die Xhosa, bevorzugen würde. Daher schlossen sich einige Zulu in der Inkatha-Partei zusammen und stellten sich gegen den ANC.

**Mehrere Jahre lang** lieferten sich rivalisierende Banden immer wieder neue Kämpfe, die zahlreiche Todes-

opfer forderten und den Aufbau der neuen demokratischen Regierung zusätzlich erschwerten. Nomzipos Vater, ein politischer Kämpfer des ANC, wurde bei einem dieser Gefechte getötet. Während dieser dunklen Jahre, in denen Nelson Mandela und seine Anhänger versuchten, sich mit der weißen Regierung über die zukünftige südafrikanische Demokratie zu einigen, schürte die weiße Regierung heimlich die Streitigkeiten innerhalb der schwarzen Gemeinschaft. Ihr Ziel war es, die Position Nelson Mandelas zu schwächen, indem sie den Beweis lieferten, dass er nicht die Unterstützung der gesamten schwarzen Bevölkerung hatte. Die weiße Regierung befürchtete nämlich, dass Nelson Mandela ihre Interessen nicht achten würde. Wenn die Schwarzen unter sich zerstritten wären, könnte man die Macht in den eigenen Händen behalten, hofften die Weißen.

**Nelson Mandela gelang es, diese Schwierigkeiten** zu überwinden. Er konnte die weiße Regierung zur Einsicht bringen, dass es nicht sein Ziel war, eine weiße Regierung durch eine schwarze zu ersetzen, sondern die Macht zu teilen. Darüber hinaus gelang es ihm, die Vertreter der schwarzen Bevölkerung davon zu überzeugen, dass es ihm nicht darum ging, den Einfluss seiner eigenen Ethnie zu vergrößern. Seine Weisheit, sein offener Geist, seine Toleranz und sein Pragmatismus (ein Handeln, das sich an den Tatsachen des Lebens orientiert) halfen ihm, seine Aufgabe zu einem guten Ende zu führen. Auch heute noch gibt es von Zeit zu Zeit Auseinandersetzungen zwischen rivalisierenden Parteien, doch die Demokratie ist fest verankert in Südafrika. Auf dieser Grundlage lassen sich die meisten Konflikte friedlich lösen.

# Owen Street

**Wenn Nomzipo zum zweiten Mal gegen 7 Uhr morgens aufwacht,** ist alles ganz anders. Sie liegt jetzt allein in dem großen Bett. Die lauten Rufe der Straßenhändler und Dienstleute der Owen Street dringen durch das halb geöffnete Fenster ins Zimmer. Die Sonnenstrahlen hinter den bunten Vorhängen werfen schillernde Regenbogen an die Zimmerwände.

**Herbe Gerüche steigen von der Straße auf:** eine sonnengewärmte Mischung aus Tierkot, Abfällen und Gewürzen. Nomzipo steht auf und zieht ihre Schuluniform an: eine Bluse und einen blauen Rock. Sie geht hinunter, um sich in einer Küchennische zu waschen. Im großen Kessel auf dem Herd wartet bereits der Porridge, den ihre Mutter immer am Vortag zubereitet. Morgens isst Nomzipo ihn mit Zucker und saurer Milch. Dieses traditionelle Frühstücksgericht heißt Phutu in der Sprache Zulu und Umphokoqo auf Xhosa. Mittags isst man Maisporridge zu Gemüse, an Feiertagen auch zu einem Fleischragout. Manchmal verwendet Nomzipos Mutter anstatt Mais auch Sorgho, eine Getreideart.

**Nomzipo schleicht sich in den kleinen Bäckerladen,** vor dessen Tür die Leute bereits Schlange stehen, begrüßt ihre Mutter und ihre Schwester mit einem Kuss und stibitzt im Vorbeigehen ein Fetkoek, ein kleines Stück Kuchen aus frittiertem Brotteig mit einer Füllung aus kandierten Früchten. Ihre Mutter zwinkert ihr lächelnd zu. Nomzipo findet, dass sie müde aussieht. Sie arbeitet hart. Außer dem Brot, das sie täglich in zwei großen Schüben backt, kocht sie zwei oder drei Gerichte in großen Mengen, die die Arbeiter aus den Nachbarstraßen zur Pausenzeit mittags und abends bei ihr kaufen. Auf dem Speiseplan stehen Mealie (gegrillter Mais), Imfino (ein Gericht, bestehend aus Mealie und Gemüse, manchmal auch mit Fleisch zubereitet), und natürlich Porridge aus Mais oder Sorgho.
Sie backt auch neue Fetkoek, diesmal mit Fleisch gefüllt. In der Mittagszeit legt Nomzipos

große Schwester ein langes Brett auf die Holzböcke vor der Bäckerei. Passanten nutzen den Tisch für ihre Mittagsmahlzeit, zu der sie frisches Brot essen.

**Nomzipo verlässt das Haus mit der Büchertasche in der Hand** durch die hintere Tür. Sie geht die Hauptstraße entlang, wo sich die Stände der Schmuck- und Stoffhändler aneinander reihen, und überquert den großen Obst- und Gemüsemarkt, auf dem die Bäuerinnen ihre Ware auf dem Boden verkaufen. Das Mädchen kauft eine reife Mango bei einer Händlerin, die eine Ndebele ist und Nomzipo in ihrer Muttersprache grüßt und antwortet. Das ist für Nomzipo aber kein Problem, obwohl sie selbst Xhosa spricht. Die offiziellen afrikanischen Landessprachen und die zahlreichen anderen Sprachen, die nicht den Status einer Amtssprache haben, weil sie nur von einem geringen Teil der Bevölkerung gesprochen werden, verwenden zu zwei Dritteln die gleichen Wörter. Die Menschen finden daher immer einen Weg sich zu verständigen, selbst wenn sie nicht der gleichen Ethnie angehören.

# Ein Studium für gute Berufschancen

**Seit dem Tod ihres Mannes muss Nomzipos Mutter** sowohl die Arbeit in der Bäckerei erledigen als auch den Haushalt versorgen. Glücklicherweise sind ihre Töchter schon fast erwachsen. Die älteste studiert in Durban, die zweitälteste hat gerade die Schule beendet.

**Sie hilft ihrer Mutter in der Bäckerei** von morgens, wenn der Laden geöffnet wird, bis zur Mittagszeit. Nachmittags besucht sie Kurse, in denen sie zur Krankenschwester ausgebildet wird. Wenn Nomzipo von der Schule nach Hause kommt, übernimmt sie die Aufgaben ihrer Schwester. Sie hat ihrer Mutter vorgeschlagen, ihr schon frühmorgens zu helfen, bevor sie zur Schule geht. Doch dieses Angebot hat Nomzipos Mutter strikt abgelehnt. Es reicht schon, dass ihre Tochter den Nachmittag in der Bäckerei verbringt. Denn häufig benutzt Nomzipo diese Arbeit als Vorwand, um ihre Hausaufgaben zu vernachlässigen. Das macht ihrer Mutter Sorgen. Sie möchte unbedingt, dass ihre Töchter ein Studium absolvieren und eine gute Arbeit bekommen.

**Um Nomzipo zu ermutigen,** mehr für die Schule zu tun, hat ihre Mutter ihr erklärt, dass sie als eine Xhosa später einmal die Chance haben wird, ihr Leben frei zu gestalten, im Gegensatz zu den Swazi-Frauen. Denn die Gesetze in Swaziland weisen den Frauen eine niedrigere Stellung in der Gesellschaft zu, auch wenn sie erwachsen sind. Sie dürfen ohne das Einverständnis des für die Familie verantwortlichen Mannes keine Güter besitzen (Ländereien und Häuser zum Beispiel), keine Verträge unterzeichnen und keine Bankdarlehen erhalten. Eine Frau, die ihren Mann verloren hat, ist nichts mehr wert. Sie muss alleine bleiben, eingeschlossen in ihrer Wohnung.

**Nomzipo hat das Glück, dass dieses Gesetz** für sie nicht gilt. Ihre Mutter hat ihr gesagt, dass sie jetzt die Voraussetzungen dafür schaffen muss, später einmal selbstständig leben zu können. Natürlich kann sie eines Tages heiraten. Für die Xhosa ist es eine heilige Aufgabe, Kinder zur Welt zu bringen. Aber sie hat auch die Möglichkeit zu arbeiten, und dafür ist es wichtig, dass sie ein Studium absolviert hat. Damit ihre Tochter nicht mehr so oft in der Bäckerei ist, schickt ihre Mutter sie in den nächsten Ferien zu ihrer älteren Schwester Winnie nach Durban.

## Eine Reise nach Durban

**In Durban angekommen,** ist Nomzipo von der Größe der Stadt ungeheuer beeindruckt. Ihre Heimatstadt Umtata erschien ihr schon ziemlich groß im Vergleich zu dem Dorf im Veld, ungefähr 30 Kilometer von Umtata entfernt, wo ihre Cousins leben.

**Die kleinen Rundhütten mit Wänden in leuchtenden Farben** und spitzen Dächern machten einen so friedlichen Eindruck auf sie, nach all der Unruhe in ihrer Heimatstadt! Im Dorf kannte jeder jeden, und jeder wusste, wer in welcher Hütte wohnt. In Umtata kennt Nomzipo nur die Bewohner der Owen Street und die Händler am Marktplatz. Doch Umtata ist rein gar nichts gegen Durban!

**Nomzipo begreift, dass sie gerade dabei ist,** eine andere Welt zu entdecken. Ihre Mutter hatte sie einer Gruppe von Freunden anvertraut, mit der sie in einem Sammeltaxi unterwegs nach Durban ist. Mehrere Male sind sie die Küstenstraße entlanggefahren, und Nomzipo war begeistert, als sie das Meer zum ersten Mal sah. Jetzt haben sie das Stadtzentrum von Durban erreicht. Nomzipo entdeckt die alten Gebäude aus der Kolonialzeit mit bröckelnden Fassaden, die sich gegenseitig zu halten scheinen. Auf den Balkonen trocknen Baumwollstoffe im Wind, der sie hier und da zu schiefen Säulen zusammenrollt.

**Sie betrachtet mit großen Augen das bunte Menschengewimmel,** beinahe ist es, als sei man in einem anderen Land! In Umtata sieht man hauptsächlich schwarze Gesichter. Hier ist alles anders. Nomzipo begegnen weiße Passanten, die einen Anzug tragen. Frauen in leichten Kleidern verbergen ihr blasses Gesicht unter Hüten, die sie mit einer Hand am Rand festhalten. In der Menschenmenge entdeckt Nomzipo aber auch zahlreiche Farbige, die sie an ihrer kaffeebraunen Hautfarbe erkennt und daran, dass sie wie Weiße gekleidet sind. Doch die meisten Menschen hier sind Inder. Sie tragen einen Turban, und ihre Frauen sind in auffällige Saris gekleidet, deren Farben sehr viel feiner und vielfältiger sind als die der afrikanischen Kleidung.

**Endlich sind sie angekommen.** Eine Freundin ihrer Mutter begleitet Nomzipo in die Eingangshalle eines großen Gebäudes, deren Wände rot angestrichen sind. Sie steigen in die zweite Etage, eine Holzgalerie führt zu den einzelnen Wohnungen. Plötzlich geht eine Tür auf, und Nomzipo steht unverhofft, aber glücklich und beruhigt, ihrer Schwester Winnie gegenüber, die ihr um den Hals fällt.

# Eine Mischehe – ist das möglich?

**Winnie hat auf der Universität einen jungen Mann indischer Herkunft** kennen gelernt, er heißt Yani und studiert Wirtschaftswissenschaften. Am Abend nach Nomzipos Ankunft besucht er die beiden Schwestern, um mit ihnen zusammen zu essen.

**Nomzipo betrachtet ihn neugierig.** Er ist groß, schlank, hat eine schmale Nase und leuchtende Augen. Yani hat den Schwestern versprochen, den nächsten Tag gemeinsam mit ihnen zu verbringen, sie zum Bazar mitzunehmen und für sie indisch zu kochen. Nomzipo ist aufgefallen, dass der junge Mann viel Zeit mit ihrer Schwester verbringt und fragt sich, ob die beiden wohl eines Tages heiraten werden. Kann man jemanden heiraten, der nicht die gleiche Herkunft hat wie man selbst? Ihre Mutter hat ihr nichts Genaues darüber gesagt, doch Nomzipo schien es immer so, als wäre es selbstverständlich, einen Schwarzen zu heiraten, wenn möglich aus dem Stamm der Xhosa, genau wie sie. Da ihre Neugier geweckt ist, schneidet sie das Thema während eines Gesprächs mit ihrer Schwester an. Winnie erklärt ihr, dass in Südafrika die Menschen tatsächlich dazu neigen, einen Partner gleicher Herkunft zu heiraten, denn während der Apartheid waren Mischehen gesetzlich verboten. Letztlich führten die wirtschaftlichen und sozialen Unterschiede dazu, den Abstand zwischen den einzelnen Bevölkerungsgruppen noch zu vergrößern, so waren zum Beispiel die meisten billigen Arbeitskräfte ohne Berufsausbildung Schwarze.

**Heute liegen die Dinge anders.** Nichts hindert die Südafrikaner mehr daran, untereinander zu heiraten. Dennoch hält man gerne an alten Gewohnheiten fest, und leider kommen noch viele Menschen, die sich lieben, nicht zusammen, weil sie aus verschiedenen sozialen Gruppen stammen. Als Nomzipo ihre Schwester nach ihren Zukunftsplänen fragt, erklärt diese ihr, dass sie hofft, Yani heiraten zu können. Sie muss lediglich ihre Mutter überzeugen. Diese hätte es wahrscheinlich lieber gesehen, wenn ihre Tochter sich für einen Xhosa entschieden hätte. Aber wenn Yani nach dem Studium einen guten Arbeitsplatz findet, ist Winnie sich fast sicher, dass ihre Mutter nichts gegen die Heirat einzuwenden hat.

# Auf dem großen Bazar

**Mehr als 80 Prozent der Südafrikaner indischer Abstammung** leben in Durban wie Yanis Familie. Im 19. Jahrhundert ließen die Engländer sie als Arbeitskräfte nach Südafrika kommen, weil sie keine Schwarzen beschäftigen wollten.

**Denn als sie die Schwarzen aus deren angestammten Gebieten verjagten,** um selbst hier zu siedeln, schien es ihnen sicherer, Asiaten auf ihren Ländereien arbeiten zu lassen. Die Inder arbeiteten vorwiegend auf den Zuckerrohrplantagen in der Umgebung von Durban. Deshalb entstanden in dieser Region auch indische Siedlungen. Heute sind sie Händler oder Restaurantbetreiber auf dem großen Bazar in der Victoria Street, den Yani den beiden Schwestern gerne zeigen möchte. Als er sie früh am Morgen abholt, sind die Mädchen kichernd noch damit beschäftigt, sich hübsch zu machen. Winnie setzt sogar einen Sommerhut mit breiter Krempe auf! Dann gehen sie mit Yani nach draußen.

**Nomzipo entdeckt einen riesigen Markt mit fast 200 Ständen,** die die Victoria Street säumen und bis auf die Fahrbahn der Straße reichen. Große Weidenkörbe, gefüllt mit aromatischen Gewürzen, befinden sich direkt neben Ständen, an denen bunte Seidenstoffe angeboten werden, oder neben Kisten, in denen sich die verschiedensten Sachen tummeln: Uhren, elektronische Terminkalender, preiswerter Schmuck, Taschenrechner, Schuhe, T-Shirts. Yani erklärt Nomzipo, dass dieser Bazar so ähnlich wie die Märkte in den großen Städten Asiens aussieht. Nomzipo hat nicht genug Augen, um alles sehen zu können, ihr Geruchssinn reicht nicht aus, um all die Düfte von Curry, Kümmel, Weihrauch und Ähnlichem wahrnehmen zu können. In kleinen Restaurants werden direkt auf dem Gehweg warme Mahlzeiten in riesigen Stieltöpfen zubereitet. Pyramiden von Samosas, dreieckigen Blätterteigtaschen mit Fleisch- und Gemüsefüllung, sowie gefüllte Hörnchen frisch aus dem Backofen lassen einem das Wasser im Munde zusammenlaufen. Die Leute essen auf der Straße entweder im Stehen, oder sie sitzen dabei auf alten, umgedrehten Kästen und leeren Kanistern. Nomzipo ist ganz verzaubert von den vielen Farben, Düften, Menschen und Geräuschen. Dieser Teil von Durban ist wirklich einzigartig, hier geht es viel belebter und fröhlicher zu als in den anderen Stadtvierteln.

# Die Sangoma

**Am nächsten Morgen ist Winnie übel.** Sie scheint sich ernsthafte Sorgen zu machen, und als Nomzipo sie damit trösten will, dass es sich vielleicht nur um eine Magenverstimmung handelt, wirft ihre Schwester ihr ein verständnisvolles halbes Lächeln zu, das Nomzipo sofort an etwas anderes denken lässt: Sie hat schon oft gehört, wie Freundinnen ihrer Mutter über ihre Schwangerschaften redeten.

**Als Nomzipo ihre Vermutung äußert,** gibt Winnie zu, dass sie schwanger ist, und erklärt ihr, dass sie eine Sangoma, eine traditionelle Heilerin, aufsuchen möchte, um sicher zu sein, dass ihr Kind auch gesund ist.

**Freunde haben Nomzipos Schwester eine Sangoma empfohlen,** die für ihre besonderen Fähigkeiten bekannt ist. Sie hat ihre magischen Kräfte schon als Kind entwickelt, nachdem sie schwer erkrankt war und fast gestorben wäre. Sie wurde damals von einer Sangoma behandelt, die den Eltern des Mädchens erklärte, dass die Krankheit ihrer Tochter in Zusammenhang stehe mit der Offenbarung ihrer besonderen Fähigkeiten als Heilerin und Wahrsagerin: Die in ihr wohnenden Kräfte seien es, die das Fieber hoch hielten. Als die Eltern schließlich wussten, um was es sich

handelte, wurde ihre Tochter schnell wieder gesund. Sie ging in die Lehre zu der Sangoma, die den Grund für ihre Krankheit erkannt hatte. Als das Mädchen erwachsen war, wurde es selbst eine berühmte Heilerin. Und genau diese ist es, die Winnie nun aufsuchen möchte.

**Die Rolle der Sangoma** besteht darin, Krankheiten zu heilen, denen die Medizin hilflos gegenübersteht. Eine Sangoma kann aber auch Unheil bringen und genauso eine Person schützen, indem sie mit deren Ahnen in Verbindung tritt. Um in Kontakt mit den Verstorbenen zu kommen, helfen kleine Knochen, sogenannte Ku Hlahluva. Winnie geht lieber zu einer Sangoma als zu einem Arzt, weil die Heilerin das Schicksal der jungen Frau günstig beeinflussen kann und Winnie sich dadurch beschützt fühlt.

**In der Wohnung der Sangoma stapeln sich die Heilmittel:** Dosen und Gläser voll mit Kräutern, zerkleinerter Rinde und braunem oder schwarzem Puder. Die Heilerin hält Winnie verschiedene Krüge hin, deren Inhalt sie einatmen soll. Sie hantiert mit bunten Federn und berührt mit ihren Fingern jede einzelne Bohne einer Kette, die sie um den Hals trägt. Sie bewegt ihren Kopf derart heftig, dass ihre rote Haube herunterfällt. Plötzlich hält sie inne, als hätte sie eine Antwort aus dem Jenseits erhalten. Sie befiehlt Nomzipo, aus dem Zimmer zu gehen, denn nur Winnie soll das Ergebnis ihrer Befragung erfahren. Das Mädchen gehorcht und wartet ungeduldig vor der Tür. Dann endlich öffnet sie sich, und ihre Schwester kommt heraus. Ihr Gesicht strahlt. Die Sangoma hat ihr versichert, dass alles gut gehen wird, dass die Ahnen ihr eine Nachricht geschickt haben, die voller positiver Versprechungen für das Leben ihres Kindes war. Nomzipo ist von den Fähigkeiten der Sangoma beeindruckt. Als sie zusammen mit ihrer Schwester die Wohnung verlässt, denkt sie darüber nach, bei ihrer Rückkehr nach Umtata ebenfalls eine Sangoma aufzusuchen, um zu erfahren, was die Zukunft ihr bringen wird.

# Inhalt

## Bildnachweis

S. 5 © Andrew Lichtenstein/Corbis
S. 7 © Stephanie Dalton Cowan/coll. Photodisc Vert-Getty Images
S. 9 © D. R.
S. 12 © Peter Chadwick/coll. Gallo Images-Getty Images
S. 15 © Brooks Kraft/Corbis
S. 16 © Colin Bootman/coll. The Bridgeman Art Library-Getty Images
S. 19 © Alain Nogues/Corbis Sygma
S. 21 © D. R.
S. 24 © AKG-Images
S. 30 © Dave Hamman/coll. Gallo Images-Getty Images
S. 32–33 © Tom Stoddart Archive/coll. Reportage-Getty Images
S. 35 © Jeremy Woodhouse/coll. Photodisc Vert-Getty-Images
S. 37 © Paul Gilham/coll. Reportage-Getty Images
S. 41 © David Sacks/coll. Stone + Getty Images

Titel der Originalausgabe: *Enfants d'ailleurs – Anna, Kevin et Nomzipo vivent en Afrique du Sud*
Erschienen bei Éditions de La Martinière, SA, Paris 2006


2. Auflage
Deutsche Erstausgabe

Ein Unternehmen der La Martinière Groupe

Gestaltung: Elisabeth Ferté
Satz: satz & repro Grieb, München
Druck: Pollina, Luçon - n°L51018
Printed in France

ISBN 978-3-89660-434-7



www.knesebeck-verlag.de